ATB · ALEX TASCHENBÜCHER · ATB

Camilo

Eine ungewöhnliche Geschichte aus Kuba
von einem tapferen kleinen Jungen
und seinem Großvater,
erzählt von Ludwig Renn

DER KINDERBUCHVERLAG BERLIN

Einband und Illustrationen von Erich Gürtzig

ISBN 3-358-01112-7

Der Marktjunge

Eine schwere Zeit lastete um das Jahr 1959 auf Kuba. Sechs Jahre war Camilo alt. Er war barfuß und mit nichts bekleidet als mit einem schäbigen Hemd und einer ganz zerfransten Hose. Ab und zu sprach er auf dem Markt eine gutgekleidete Frau an und fragte, ob er den Korb mit den Einkäufen nach Hause tragen dürfte. Damit verdiente er sich ein paar kleine Münzen.

Beim Ansprechen der Damen mußte er aber aufpassen, daß er nicht unerwartet einen wohlgezielten Schlag von einem Polizisten erhielt und als Betteljunge vertrieben wurde. Damals herrschte auf Kuba ein gewisser Batista. Er war beim ganzen Volk verhaßt. Man sagte von ihm, er hätte aus der Insel eine Kolonie der Yankis gemacht. In ihrem Auftrag unterdrückte er das spanisch sprechende Volk.

Manchmal hockte Camilo auch vor der Hütte, die sein lahmer und einäugiger Großvater aus Brettern und Blech zusammengebaut hatte. Daß sie ganz schief war, störte nicht so sehr. Schlimmer war, daß es bei Tage vor Hitze kaum drin auszuhalten war. Nur zum Schlafen ging die Familie hinein, Großvater, Mutter, Vater und Camilo. Vor dieser elenden Hütte hockte der Junge deshalb, weil gegenüber in einem weißen Hause Yankis wohnten. So nennt man auf Kuba die Nordamerikaner. Die Yankifrau nahm ab und zu den noch recht schmalen, aber anstelligen Camilo zum Einkaufen mit. Bei ihrer Rückkehr durfte er mit in das weiße Haus, um den Marktkorb abzusetzen. Während er darauf wartete, daß sie aus ihrer Handtasche die Münzen für ihn nahm, konnte er sich ein wenig umschauen.

Dieses Haus schien ihm als das Schönste, was er sich vorstellen konnte. In den glatt verputzten Außenwänden befanden sich viereckige Löcher, die sorgsam mit roten Ziegeln eingefaßt waren. Jeder noch

so geringe Luftzug wehte durch diese Löcher und machte die Räume selbst im heißesten Sommer angenehm. Wenn dann die Yankidame das Geld aus ihrer Tasche genommen hatte, gab sie es nicht Camilo in die Hand, wie es andere Leute tun, sondern sie ließ es von oben in seinen Handteller fallen.

Sein Großvater erklärte ihm diese sonderbare Art zu bezahlen: „Die weißen Yankis denken, sie wären etwas viel Besseres als wir. Wenn sie einen schwarzen Menschen berührt haben, waschen sie sich gleich die Hände. Ich finde, du bist gar nicht so dunkel. Du hast nur schwarzes Kraushaar und die dunklen Augen."

Der Junge hatte bis dahin überhaupt nicht darüber nachgedacht, wie er aussah. Nun holte er sich den kleinen, halbblinden Spiegel, vor dem sich der Vater und Großvater rasierten. Er betrachtete sein Gesicht. Aber das war doch genau wie bei vielen anderen

Jungen in Habana. Höchstens seine Augen waren noch größer und sanfter. Fand sich denn die Yankidame schöner? Das blasse Gesicht, die angeschmierten roten Lippen und die ausgewaschenen blauen Augen, sollten die schöner sein?

Wo sind Vater und Mutter?

Eines Abends kamen die Eltern nicht zur gewohnten Stunde nach Hause. Großvater und Camilo warteten. Schließlich sagte der Alte: „Leg dich jetzt hin, mein Junge! Wer weiß, ob deine Eltern nicht irgendwo draußen unter den Palmen im Mondschein zum Tanz sind."

Das schien Camilo einleuchtend, aber der Großvater hatte es nur zur Beruhigung des Jungen gesagt. Er hielt es für wahrscheinlicher, daß Camilos Eltern sich mit Freunden irgendwo draußen getroffen hatten. Die Bedrückung durch Batista und die tatsächlich auf Kuba herrschenden Yankis wurde immer unerträglicher. Heimlich flüsterten sich immer mehr Leute zu: „Wir werden siegen."

Der Alte hockte draußen; er hatte sich so an die Hüttenwand gelehnt, daß er jeden im Mondschein ankommen sah, selbst aber im Schatten war und höchstens von den Katzen bemerkt werden konnte.

Je weiter die Nacht fortschritt, um so unruhiger wurde der Alte. Sonst blieben die Eltern nie lange aus, weil beide in einer großen Bäckerei tätig waren und die Arbeit sehr früh begann, damit die reichen Leute ihre frischen Brötchen auf dem Frühstückstisch hatten.

Der Mond ging schon unter. Ringsum herrschte Stille.

Ob sie bei einer Versammlung sind? Und ob die Polizei sie etwa ausgehoben hat? Aber wozu gleich das Schlimmste denken. Sie könnten ja auch bei Bekannten geschlafen haben und von dort aus zur Bäckerei ge-

gangen sein.
Der Alte starrte in die Dunkelheit, und alle schrecklichen Geschichten gingen ihm durch den Kopf, die in der Stadt heimlich erzählt wurden. Oft verschwanden Leute, und niemand erfuhr je, was mit ihnen geschehen war. In anderen Fällen — aber das war zu greulich, um es sich auszudenken!
Als die Morgendämmerung kam, erhob sich der Alte und hinkte zur Bäckerei. Die Arbeit hatte schon begonnen, aber Camilos Eltern waren nicht da; man wußte nur, daß sie gestern nach Arbeitsschluß fortgegangen waren.
Mutlos humpelte der Alte nach Hause und bereitete seinem Enkel etwas zu essen. Viel war nicht da. Wenn sie sparsam damit umgingen, konnte es bis morgen reichen.
Camilo sah das verhärmte Gesicht seines Großvaters. Ob etwas mit seinen Eltern nicht stimmte?
Er sagte nichts, aber es ging ihm sehr nahe.

Nachdem Camilo gründlich nachgedacht hatte, lief er fort. Sämtliche Jungen der Nachbarschaft waren ihm bekannt. Die konnte er fragen, ob sie seine Eltern gesehen hätten. Es gab Mausehaken und boshafte Kerle unter ihnen, aber in einem waren sie zuverlässig: Sie haßten Batista und seine Polizei. Die Jungen halfen ihm auch und liefen in die nächsten Straßen, um sich zu erkundigen, aber niemand hatte etwas von Camilos Eltern gehört.

Die dicke Frau

Alles Forschen blieb vergeblich. Da nahmen der Großvater und der kleine Camilo an, die Eltern wären von Batistas Polizei umgebracht worden. Aber beide sprachen nicht über das, was sie dachten. Nun wurde es für sie sehr schwer.
Der Großvater versuchte, im Hafen Arbeit zu bekommen; dort aber war-

teten schon viele kräftigere Männer, die schwer tragen und schnell gehen konnten. Da hatte er keine Aussicht.
Manchmal drückte ihm die semmelblonde Frau einen Besen in die Hand. Dann durfte er die Wege im Garten des Yankihauses fegen. Dafür gab ihm die Frau sehr wenig Lohn. Aber er konnte für Camilo etwas zu essen kaufen. „Ich habe mich schon am Stand auf der Straße satt gegessen", behauptete er dann. So wurde er immer magerer. Camilo durchschaute natürlich seinen Großvater und nahm sich vor, ihn einmal in derselben Weise zu belügen.
An einem besonders heißen Tage, an dem nicht das geringste Lüftchen wehte, sah er auf dem Markt eine dicke Frau, die sich nach einem Tragejungen umzusehen schien. Das war aber ein Irrtum. Sie hatte einen Schwächeanfall und suchte nach einem Platz, um sich zu setzen. Eine Obstfrau erhob sich von ihrem Bänk-

chen und bot es der Dicken an. Inzwischen hatte Camilo den Korb ergriffen und stand damit einige Schritte entfernt, neugierig, was weiter geschehen würde. Da die Dicke ihre Augen geschlossen hatte, konnte er sie in Ruhe betrachten. Ihre Haut war sehr dunkel, und trotz ihres Umfangs sah sie nett aus. An den Händen trug sie Ringe, vielleicht sogar aus Gold.
Camilo wurde durch vorbeigehende Leute zurückgedrängt.
Die Marktfrau glaubte, er wolle sich heimlich mit dem Korb davonmachen, und rief: ,,Der Junge will stehlen!"
Zwei Polizisten kamen angerannt. Camilo lief zu der Dicken, stellte den Korb neben sie und wollte ausreißen. Das aber konnte er in dem Gedränge nicht, und ein Polizist griff nach ihm.
In diesem Augenblick schrie eine Stimme: ,,Das ist doch mein Sohn!"
Verblüfft sah er sich um. Es war die Dicke, die ihn erregt anschaute. Er aber verstand das nicht.

Nun beruhigten sich die Umstehenden, und auch die Polizisten gingen fort. Niemand kümmerte sich mehr um den erstaunten Jungen. Nur die Obstfrau betrachtete abwechselnd die dicke Dame und den barfüßigen Jungen in seiner ausgefransten Hose. Leise fragte sie: „Ist das wirklich Ihr Sohn?"
Die Dicke antwortete mühsam mit halb geschlossenen Augen: „Ich werde doch den Jungen nicht den Kerlen da ausliefern."
Camilo hätte vor Rührung fast geweint und sagte eifrig: „Ich wollte Sie auch nicht bestehlen, nur Leute kamen vorbei, die mich fortschoben."
„Sei still", sagte die Obstfrau. „Du siehst doch, sie muß erst wieder richtig zu sich kommen. Nimm das hier."
Sie reichte ihm eine Banane, weil sie ihn fälschlich verdächtigt hatte. Während sie aber weiter Apfelsinen verkaufte, ließ er die Banane in seiner Hosentasche verschwinden, um sie seinem Großvater mitzubringen. Da

aber die Tasche nicht tief genug war, hielt er die Hand über das herausragende Ende.
Es dauerte noch mehrere Minuten, bis sich die Dicke ganz erholt hatte. Nun erst betrachtete sie den Jungen genauer, und er schien ihr zu gefallen.
„Trägst du mir den Korb nach Hause?"
„Ja, Frau."
Darauf bedankte sie sich bei der Obsthändlerin, schaute auf dem Stand nach, ob da noch was wäre, was sie aus Gefälligkeit kaufen könnte.
„Meine Dame", sagte die Marktfrau, „Sie brauchen nichts zu nehmen." Sie blickte sich mißtrauisch um, ob Polizisten in der Nähe wären, und flüsterte: „Ich habe verstanden. Wir werden siegen!"
Die Dicke nickte ihr freundlich zu, und darauf zog sie mit Camilo von dannen.
Sie wohnte nicht in einem so schönen Haus wie die Yankis, aber doch in einem sauber verputzten Steinhaus.

Als sie anlangten, sagte sie: „Stell den Korb dahin! Das hätte schlimm für dich ausgehen können. Die Polizisten fragen nicht danach, ob einer wirklich schuldig ist. Sie bekommen nämlich für jede Anzeige eine Belohnung." Sie blickte unzufrieden zur Seite. „Deine Eltern sind wohl arbeitslos?"
In Camilo stieg der ganze Kummer auf, daß seine Eltern verschwunden waren. Er wollte die Frage nicht beantworten und wäre am liebsten ausgerissen, aber dann hätte er ja keinen Lohn bekommen. So beantwortete er stockend die Fragen der Dicken und blickte dabei zu Boden.
Sie begann Mitleid mit diesem fremden Jungen zu empfinden, setzte sich ihm gegenüber und fragte: „Hast du heute schon was gegessen?"
„Ja."
Seine Antwort kam aber so unsicher heraus, daß sie fragte: „Was hast du denn gegessen?"
„Eine Banane."
„Die dir die Obstfrau gegeben hat?

Aber dort steckt sie doch in deiner Hosentasche!"
Er hatte vergessen, die Hand darüberzuhalten, und wurde rot.
„Weshalb lügst du mich denn an?"
„Weil ..." Er fand nicht weiter.
Sie strich ihm über das krause Haar.
„Aber Junge! Weshalb hast du denn vor mir Angst? Hat dich der Lehrer in der Schule verprügelt?"
Camilo hatte Schulen bisher nur von außen gesehen und verstand nicht, was sie meinte.
„Also", begann sie wieder, „was ist mit deinen Eltern?" Nun konnte er nicht mehr ausweichen. Er sah sie groß an. Und plötzlich liefen ihm dicke Tränen übers Gesicht. So erfuhr sie vom Verschwinden seiner Eltern und wie der Großvater für ihn hungerte.
Sie stand auf und wandte sich ab. So ein Elend in unserem Volk!
Darauf machte sie sich am Herd zu schaffen und deckte für den kleinen Straßenjungen ein richtiges, gutes

Essen auf. Sie gab ihm auch mehr Geld, als er sonst für das Tragen eines Korbes bekam, und steckte ihm zum Schluß noch Brot für den Großvater in die Tasche.

„Camilo", sagte sie, „morgen zu Mittag kommst du wieder, aber dann nicht mehr. Hörst du? Nie mehr!"

Er wunderte sich über diese entschiedene Mahnung, vergaß sie aber, als er nach Hause rannte, voll Freude, einmal seinem Großvater etwas bringen zu können.

Der Alte empfing ihn aber gar nicht freudig. Er dachte tatsächlich, der Junge hätte das Brot gestohlen. Erst als Camilo das Geld zeigte und alles berichtet hatte, glaubte ihm der Großvater. Auch ihn verwunderte es, daß die Frau so entschieden gesagt hatte, nur morgen sollte er kommen, sonst nie mehr.

Camilo mußte sein einziges Hemd ausziehen, und der Großvater wusch es, damit der Enkel recht sauber zu der Frau käme. Als sich der Junge am

nächsten Tage dem Hause der Frau näherte, sah er aus der Wohnungstür einen Polizeioffizier treten, der den Arm in einer Binde trug. Hinter seinem Rücken gab die dicke Frau Zeichen, Camilo sollte verschwinden.
War das eine Enttäuschung!
,,Wo kann sich denn der Offizier seine Verwundung geholt haben?" fragte der Großvater kopfschüttelnd. ,,Gestern wußte die Frau bestimmt noch nicht, daß er kommen würde. Da in der Stadt nicht geschossen wurde, hat er vermutlich im Gebirge gegen die Partisanen von Fidel Castro gekämpft. Wahrscheinlich ist er ein Scheusal, und seine Frau muß vor ihm verbergen, daß sie für das Volk ist. Jedenfalls darfst du ihr keine Schwierigkeiten machen und mußt fortbleiben. Nun bekommen wir von ihr freilich nichts mehr."

Aufregung bei den Yankis

Nach diesem Tage wurde es ganz schlimm. Was Großvater und Camilo auch versuchten, alles schlug ihnen fehl. Sie hungerten.

Eines Vormittags geschah etwas Merkwürdiges. Drüben im weißen Haus rumorte es. Camilo schlich hinüber und blickte verstohlen mit nur einem Auge durch eins der viereckigen Löcher in der Mauer. Drin rannten die Yankis umher und warfen ihre Sachen in Koffer.

Da könnte ich helfen, dachte Camilo und stellte sich recht auffällig vor die offene Tür. Die semmelblonde Frau bemerkte ihn auch gleich und winkte ihn herein. Sie überschüttete ihn mit einem Schwall amerikanischer Worte. Er vermutete, daß er seinen Großvater holen sollte, rannte zu ihm, und wirklich: Beide durften packen helfen.

Der Yanki schwitzte entsetzlich und blickte immer wieder auf ein Blatt Papier. Dabei trieb er seine Frau in

hastigen Worten an, schneller zu machen.
Ein Auto kam vor das Haus und hupte ungeduldig. In Hast luden die Yankis alles ein und wollten abfahren. Der Großvater aber hielt fordernd seine Hand hin. Der Yanki riß seine Brieftasche aus dem Rock, gab dem Alten einen Schein, und fort sauste das Auto.
Inzwischen betrachtete der Großvater erstaunt den Schein. Vermutlich hatte der Yanki kein kleines Geld gehabt. Weshalb aber fuhren die Yankis überhaupt so überstürzt fort? Sie hatten nicht einmal die Haustür abgeschlossen.
Der Alte ging mit Camilo ins Haus und betrachtete die Räume und die stehengebliebenen Möbel.
,,Wir beide werden abwechselnd hier aufpassen", sagte er, ,,damit nichts aus dem Hause gestohlen wird. Wenn dann die Yankis zurückkommen, werden sie etwas dafür zahlen müssen. Aber merk dir eins, Camilo, die

Polizei darf nichts davon erfahren. Das sind alles Diebe, und wenn sie die Möbel gestohlen haben, wird man uns anklagen."

„Aber Opa, wenn doch Polizisten herkommen und merken, daß niemand das Haus bewohnt?"

„Dann sagst du, wir hätten von den Yankis den Auftrag, das Haus zu bewachen. Die Polizisten sind zu jeder Art von Schlechtigkeit fähig, aber vor den Yankis haben sie Angst. Jetzt gehe ich und kaufe uns was zu essen."

Lachend hielt er den Geldschein hoch.

Eine Demonstration

Wenn sie nun auch für einige Tage zu essen hatten, wollte Camilo doch gleich wieder versuchen, sich als Marktjunge ein paar Münzen zu verdienen. Diesen Morgen waren viele Menschen auf den Straßen, aber er

fand den Markt leer. Kein Stand hatte geöffnet.
Ist denn heute ein Feiertag?
Er blickte sich um. Aus einer Straße kam Geschrei, und eine erregte Menschenmenge wälzte sich heran. Die Leute rannten mehr, als sie gingen. Über ihren Köpfen schwangen sie Fahnen, von denen einige nur Tuchfetzen waren. Hier stand sonst immer Polizei, aber heute ließ sich kein Uniformierter sehen. Großvater hatte aber Camilo gelehrt, nie dorthin zu gehen, wo sich Menschen ansammeln.
,,Da kannst du sicher sein'', hatte er seinem Enkel wiederholt gesagt, ,,daß Batista selbst den Krawall bestellt hat. Die Kerle, die das anzetteln, verschwinden dann, und die Polizei schießt in die Menge.''
,,Wozu macht er denn das?'' hatte Camilo ungläubig gefragt.
,,Um uns einzuschüchtern. Batista weiß doch, daß keine Kubaner für ihn sind, außer der Bande, die er als Polizei bezahlt.''

Camilo blickte also umher, ob da verdächtige Leute wären. Von überall aber kamen lachende Menschen an, winkten, wedelten mit Tüchern, schrien.
Plötzlich wurde geschossen.
Also doch!
Die Leute stockten, strömten nach anderen Richtungen, schrien. Das Geschrei bekam immer mehr Takt. Nun schrie schon die ganze ungeheure Menge:
„Nieder mit Batistas Mordbanden!
Nieder mit Batistas Mordbanden!
Es lebe Fidel!
Es lebe Fidel!"
Camilo wurde von den heranströmenden Menschen eingeschlossen und mußte mit.
Wieder Schüsse! Diesmal viel näher.
Die Menge blieb stehen.
Schräg vor Camilo stand ein unglaublich großer Mann, dessen schwarzer Krauskopf alle überragte. Er deutete mit einem langen, dünnen Finger nach

vorn: „Dort fahren sie."
„Wer fährt?"
„In den Panzerwagen, Batistas Garde. Sie reißen aus! Sie reißen aus!"
„Nieder mit Batistas Mordbanden!"
„Es lebe Fidel!"
Die Menge kam wieder in Bewegung. Von hinten drängte man. Dem kleinen Camilo wurde fast die Luft abgedrückt, und jemand trat ihm auf den nackten Fuß. Vor Schmerz zuckte er zusammen und blickte nach oben. Da aber sah er, daß der Mann, der ihn getreten hatte, weinte. Er weinte vor Freude und wußte sicher nicht, wie weh er dem Jungen getan hatte. Im Nu schmolz Camilos Ärger. Die allgemeine Begeisterung ergriff ihn so, daß er sich immer weiter schieben ließ, mitschrie, seine Arme so hoch schwenkte, wie er nur konnte.
Erst gegen Abend kehrte er zu seinem Großvater zurück, der ihn besorgt erwartet hatte.
„Camilo", sagte der Alte mit einer

Feierlichkeit, die ihm sonst fremd war, "heute essen wir im weißen Hause."

"Aber wenn die Yankis zurückkommen?"

"Die kommen nicht zurück. Ich habe erfahren, weshalb sie so überstürzt abgereist sind. Ihr Konsulat hatte den amerikanischen Staatsbürgern mitgeteilt, sie wären ihres Lebens nicht mehr sicher und sollten sofort die Insel verlassen."

"Da brauchen wir doch auch das Haus nicht mehr zu bewachen, Opa?"

"Im Gegenteil. Wenn wir..."

Es ist aber fraglich, wie weit Camilo die weiteren Erklärungen seines Großvaters hörte, denn nun zeigte sich, wie sehr ihn dieser große Tag angestrengt hatte. Die Augen fielen ihm zu. Erst als er zur Seite sank, merkte es der Alte, hob sanft den Jungen auf, trug ihn ins weiße Haus und legte ihn auf eins der Betten, in denen früher die Yankis geschlafen hatten.

Der Einzug

Als Camilo aufwachte, blickte er sich erstaunt um und betastete die weiche Matratze, auf der er lag. Erst allmählich begriff er, was geschehen war. Nun stand er auf und wollte von dem Brunnen, der den Hüttenbewohnern diente, Wasser holen, um sich zu waschen. Die Kubaner sind saubere Leute, und niemand fürchtet sich vor dem kalten Wasser.
Der Großvater aber hielt ihn auf und zeigte ihm einen kleinen Raum, in dem man nur an einem Hahn zu drehen brauchte, dann lief das Wasser.
Nachdem sich Camilo gründlich vom Kopf bis zu den Füßen gewaschen hatte, betastete er die grün glänzenden Fliesen, mit denen das Badezimmer ausgekachelt war. Er drehte auch an allen Hähnen, um zu sehen, wo nun das Wasser herauskam.
Plötzlich bekam er eine Dusche auf Kopf und Hemd, sprang zurück und dachte dann erst daran, den Hahn

zuzudrehen, wobei er noch einmal naß wurde.
Nun erst fiel ihm der Großvater ein. Er verspürte auch einen kräftigen Hunger. Der Alte war aber weder hier im Hause noch drüben in der Hütte. Erst nach einer Weile kam er eilig angehumpelt. „Junge, sie kommen!" rief er. „Hier hast du ein Stück Brot. Das kannst du unterwegs essen. Wir gehen dort hinüber. Da sollen sie vorbeikommen."
„Wer soll vorbeikommen?"
„Die aus den Bergen. Wir haben gesiegt!"
„Fidel kommt?"
„Wahrscheinlich auch er."
Camilo wäre am liebsten gleich losgerannt, aber da wäre sein Großvater ja nicht mitgekommen.
An der großen Straße stand schon eine dichte Mauer von Menschen, und der kleine Junge konnte nicht über sie wegsehen. Der Großvater bat, Camilo nach vorn durchzulassen. So stand er nun, vor sich die leere Straßenmitte,

auf der nur ein paar Ordner auf und ab gingen. Die Menschen unterhielten sich leise.
Dann sah Camilo ganz am Ende der großen Straße etwas Unförmiges kommen. Es näherte sich langsam, ein Haufen Menschen war das, der auf etwas stand, wohl auf einem Lastauto. Es wurde geschrien.
Camilo erkannte, daß auf dem Wagen ein Maschinengewehr war und daß die Männer daneben Gewehre in den Händen hielten. Sie hatten schwarze Bärte.
Jetzt fiel es Camilo ein: Kürzlich hatte jemand erzählt, die in den Bergen könnten sich nicht rasieren, und diese Bärte waren ihr Abzeichen, das der Freiheitskämpfer.
Immer näher kam das Rufen: „Fidel! Fidel! Fidel!"
Ja, da stand tatsächlich Fidel Castro auf einem Wagen. Er war groß und breit und hatte auch ein großes, braunes Gesicht mit dunklem Bart. Aber eine Generalsuniform mit Stickerei

trug er nicht, sondern ein gewöhnliches Uniformhemd und gewöhnliche Hosen wie die anderen.
Camilo schrie aus voller Kehle im Takt mit: „Fidel! Fidel! Fidel!"
Castro winkte mit seiner großen Hand nach beiden Seiten. Es schien Camilo sogar, der Revolutionsführer hätte auch ihm, dem Straßenjungen, zugewinkt. Da rief er noch gellender: „Fidel! Fidel! Fidel!"
Andere Wagen kamen. Bärtige Männer waren darauf und Frauen, die ihre Mützen tief ins Genick geschoben hatten, so daß ihr schwarzes Haar zu sehen war.
Die Menschen riefen, schwenkten Fahnen und Fähnchen.
Noch mehr schien die Begeisterung anzuschwellen. Völlig selbstvergessen schrie Camilo den Freiheitshelden aus den Bergen zu, die nun in langer Kolonne zu Fuß anmarschierten.
Er glaubte den Ruf „Camilo!" zu hören, aber er war ja nicht der einzige, der so hieß.

Nun aber schrie es ganz nahe: „Camilo! Camilo!" Ein bärtiger, sonnenverbrannter Mann mit Gewehr stürzte auf ihn zu. Der Junge erschrak. Was wollte der Fremde von ihm?
„Camilo!" Aber das war doch Vaters Stimme? Ja, er war es, nur so verändert durch den Bart. Und da kam auch die Mutter gerannt, die Mutter — mit einem Gewehr.
Dem Jungen stürzten die Tränen aus den Augen.
„Wo ist Großvater?" fragte der Vater.
Vor Erregung konnte Camilo nicht sprechen und zeigte nur mit einer Armbewegung nach hinten.
„Nachher kommen wir!" rief die Mutter lachend. Nun rannten die Eltern, um sich wieder in die Kolonne einzureihen.
Nur das sah Camilo noch. Dann drängte er sich zum Großvater durch und faßte heftig seine Hand, konnte aber nicht sprechen. Er schluchzte herzzerbrechend.

„Ich habe sie ja gesehen", sagte der Großvater begütigend. Die Leute ringsum glaubten, jemand hätte dem Jungen weh getan, und redeten freundlich auf ihn ein. Er schämte sich entsetzlich, daß er als Junge weinte, und dazu noch an diesem Tage. Seine Eltern waren doch Freiheitskämpfer! Aber der ganze Kummer kam heraus, den er in den vergangenen Wochen nur mühsam niedergehalten hatte. Er schlug seine Hände vors Gesicht. Zwischen den Fingern rannen die Tränen durch, über die Handrücken und an den Armen herunter.

Inzwischen erzählte der Großvater den Umstehenden von den verschwundenen und wiedergefundenen Eltern. Auch er war tief bewegt. Camilo hörte das, und es rührte ihn noch mehr. Der gute Großvater, der so oft für ihn gehungert hatte!

Eine Frau zog den Jungen an sich und wollte ihn trösten. Das aber konnte er sich nicht gefallen lassen, er, der Sohn von Helden. Er riß sich von der Frau los, bohrte sich gewaltsam nach vorn durch und schrie wieder den Vorbeiziehenden zu, winkte, weinte, lachte.

Das Schicksal der Eltern

Stunden später, als alles vorbei war und die Menschen abzogen, nahm ihn der Großvater an der Hand. Sonst ließ sich Camilo nicht mehr führen wie ein kleines Kind, aber heute war er zu aufgewühlt, um daran zu denken, und es tat ihm wohl, die harte trockene Hand seines Großvaters zu fühlen. Der Alte betrachtete seinen Enkel und sah, daß der Junge tiefe Schatten unter den Augen hatte. Besorgt führte er ihn zu dem weißen Haus, gab ihm zu essen und sagte: „Hier dürfen wir nicht bleiben."
„Weshalb nicht?"
„Deine Eltern würden uns hier nicht suchen. Wir müssen in unsere Hütte."

„Darin ist es heiß."
„Jetzt ist schon Dämmerung. Bald wird es kühler. Leg dich hin."
„Ich will auf die Eltern warten."
„Das tue ich schon. Und wenn die Eltern kommen, wecke ich dich."
Camilo liebte seinen Opa zu sehr, um ihm zu widersprechen. Heute liebte er überhaupt alle Menschen. Wie schön, wie gut würde nun ihr Leben werden.
Unter diesen glücklichen Vorstellungen schlief er in der elenden Hütte auf dem harten Lager bald ein. Er war auch nicht wach zu bekommen, als die Eltern zurückkehrten.
Sie erzählten, wie sie damals verschwunden waren. Auf dem Wege von der Bäckerei nach Hause hatten sie Polizisten gesehen, die einen wahrscheinlich unschuldigen Mann mitnehmen wollten. Camilos lebhafte Mutter hatte sich eingemischt und in ihrer Empörung recht harte Worte gebraucht. Um ihr zu helfen, mischte sich auch ihr Mann ein. Es drohte für

beide gefährlich zu werden. Da sich aber ziemlich viele Menschen angesammelt hatten, gaben ein paar Maurer Zeichen mit den Augen. Plötzlich fingen sie an, die vorn Stehenden gegen die Polizisten zu schieben. Dadurch lenkten sie die Aufmerksamkeit in eine andere Richtung. Camilos Eltern wurden von jemand aus dem Menschenhaufen gezogen, während der Mann ausriß, den die Polizei mitnehmen wollte. Kurz, es gab ein wüstes Durcheinander, bei dem schließlich die Polizisten fluchend zwischen Männern standen, die mit der Sache gar nichts zu tun hatten. Der fremde Mann, der sie herausgezogen hatte, brachte Camilos Eltern in eine Hütte und sagte, sie möchten etwas warten.
Das war ihnen unheimlich, aber die Frau des Mannes redete ihnen beruhigend zu und kochte ihnen einen starken Kaffee. Nach nicht zu langer Zeit kam der Mann mit einem anderen zurück.

„Ihr müßt diese Nacht noch fort."
„Wohin?"
„In die Berge. Der Mann hier kennt die Wege zu den Aufständischen."
So also waren sie plötzlich spurlos verschwunden.

Juana

Am Morgen fand sich Camilo allein in der Hütte. Die Eltern und der Großvater waren drüben im weißen Haus. Er lief glücklich zu seiner Mutter. Sie umarmte und küßte ihn. „Hast du auch manchmal an uns gedacht?"
Empört blickte er sie an. „Wir und nicht an euch denken?" Sie sah, wie nahe ihm der Verdacht ging. Es war auch wirklich nur eine dumme Redensart von ihr gewesen.
Sie hielt ihn also fest und sagte: „Wir hätten euch ja auch geschrieben und den Brief in die Stadt schmuggeln lassen, aber der Großvater kann doch nicht lesen. Außerdem haben uns die

Kameraden gesagt: ‚Wegen so einem Brief dürfen wir das Leben eines Menschen nicht aufs Spiel setzen.' Täglich haben wir von euch gesprochen. Wovon habt ihr nur die ganze Zeit gelebt?"

„Manchmal", antwortete der Großvater, „habe ich vor dem Haus der Yankis die Straße gefegt."

„Aber dann", unterbrach ihn Camilo, „hat er mich angeschwindelt und behauptet, er hätte schon gegessen. So einer ist unser Opa! Und dann hat er alles in mich hineingestopft."

Die Mutter lachte. „Du siehst aber nicht so aus, als ob er viel in dich hineingestopft hätte."

„Aber ich", sagte Camilo stolz, „wollte ihn auch mal beschwinden."

Nun erzählte er die Geschichte von der dicken Frau, die so gut zu ihm war.

Sein Vater blickte ihn interessiert an. „Hast du sie wiedergesehen? Was ist denn aus ihrem Mann, dem Offizier, geworden?"

„Das weiß ich nicht."
„Das wäre aber wichtig zu wissen. Findest du das Haus noch?"
„Natürlich finde ich es."
„Dann führe uns hin. Aber du, Opa, mußt zu Hause bleiben. Fidel Castro hat uns auf das strengste gesagt: ‚Wir sind Revolutionäre und keine Räuber! Es gibt in den Städten Kerle, die von den Yankis das Stehlen gelernt haben und die unseren Sieg ausnutzen wollen, um sich selbst etwas anzueignen. Das sind unsere Feinde.' Also, Opa, paß gut auf, daß aus dem Yankihaus nichts fortgetragen wird."
„Ich lahmer Mensch würde euch nur aufhalten", erwiderte der Alte und lachte gutmütig.
Der Weg zum Hause der dicken Frau war nicht allzu weit. Als sie sich ihm näherten, deutete Camilo aufgeregt hin. „Dort sitzt sie!"
Verwundert sahen die Eltern die Frau regungslos auf einem alten Stuhl inmitten von Küchengeschirr im prallen Sonnenschein hocken. Schlief sie

etwa? Aber bei der Hitze!

„Tante!" rief Camilo.

Sie schien ihn nicht zu hören. Er rannte zu ihr. Mit offenen Augen starrte sie ins Leere.

„Tante", wiederholte Camilo.

Sie schrak auf. Dann kam ein glückliches Lächeln über ihr heute so schmutziges Gesicht. „Camilo! Wie gut, daß du da bist! Kannst du nicht den Leuten hier sagen, daß ich nicht so eine bin, die zu Batistas Mordbande hält. Aber..."

Mit jähem Schrecken verstummte sie.

Seine Eltern waren herangekommen, und der Vater sagte: „Unser Sohn hat uns das schon erzählt."

Sie sah ängstlich auf den fremden bärtigen Mann. „Von wem sprechen Sie?"

Der Vater legte seine Hand auf Camilos Krauskopf. „Das ist mein Sohn."

„Was? Mich hat er angelogen, seine Eltern wären tot."

„Nein", erwiderte die Mutter und

blickte liebevoll auf Camilo nieder, „das hatte er geglaubt, aber wir leben, und nun sind wir wieder zusammen."
„Wie schön", sagte die Dicke. „Und Sie gehörten zu den Freiheitskämpfern? Können Sie mir da nicht helfen?"
Der Vater antwortete: „Dazu müßten wir erst wissen, wo Ihr Mann ist."
„Dieser Verbrecher! Woher soll ich wissen, wo er ist? Er braucht mich ja jetzt nicht mehr."
„Was soll das heißen: Er braucht Sie nicht mehr?"
„Wenn Sie wüßten, was für ein Leben ich geführt habe! Geheiratet hatte er mich ja nur, weil ich etwas Geld besaß, geliebt keine Spur! Sogar bedroht hat er mich!"
Camilos Vater unterbrach sie wieder: „Warum bedrohte er Sie?"
„Ich wollte ihm schon davonlaufen. Dem war aber etwas Gräßliches vorausgegangen. In einer Nacht kam er reichlich angetrunken nach Hause und

verlangte nach Whisky. Dann zwang er mich, seine Reden anzuhören. Haßerfüllt sah er mich an und zischte förmlich: ‚Ich weiß, daß du die liebst, gegen die ich kämpfe, das dreckige Gesindel. Sollte es dir einfallen, einem von denen zu helfen, die nur darauf warten, daß Batista stürzt und ich von ihnen abgeschlachtet werde ... Glaube mir, wir erfahren alles! Dann würde ich nach Hause kommen und dich umbringen!' Bis zu dieser Nacht hatte ich nur gewußt, wie gemein er gegen mich war. Daß er aber zu den Allerschlimmsten gehörte, erfuhr ich nun erst von ihm selbst. Mit richtigem Genuß malte er mir die Grausamkeiten der Polizei aus. Da beschloß ich, ihm wegzulaufen, aber ich wollte noch allerhand einpacken, und dabei überraschte er mich. Was dann geschah ..." Verzweifelt blickte sie zur Seite auf das Geschirr.

„Sie wissen also wirklich nicht, wo er ist?"

„Nein, aber ich denke, so einen Kerl,

der überhaupt kein menschliches Gefühl mehr hat, werden die Yankis in ihren Flugzeugen fortgebracht haben. Solche brauchen sie doch, um an uns Rache zu nehmen."
„Sei froh, daß du ihn los bist", sagte Camilos Mutter. „Der wird bestimmt nicht wiederkommen. Wie heißt du denn?"
„Juana heiße ich." Sie blickte auf das am Boden liegende Küchengeschirr. „In mein Haus sind Leute gekommen und haben erklärt, das Eigentum der Mörderbande Batistas wäre beschlagnahmt. Das verstehe ich ja, ich habe die Nacht hier auf dem Stuhl geschlafen mit den paar Töpfen, die man mir aus Gutmütigkeit herausgegeben hatte. Wo aber soll ich damit hin?"
Camilo blickte zu seinen Eltern auf. „Kann sie nicht zu uns kommen?"
„In unsere kleine Hütte?" fragte der Vater. „Da ist doch kein Platz."
„Dort nicht, aber sieh doch mal, hier hat man das Haus beschlagnahmt", erwiderte seine Frau. „Kannst du

nicht beim Komitee darum bitten, daß wir das weiße Haus der Yankis bewohnen dürfen, wenigstens vorläufig? Später werden wir sehen."

Schädlingsarbeit

Das Komitee war gleich einverstanden, und nun siedelte die ganze Familie aus ihrer Hütte in das weiße Haus um, in dem man auch bei Tage sitzen und sich so fein waschen und abduschen konnte wie die Yankis. Mit ihnen zog die dicke Juana in das Yankihaus. Schon vorher hatte Camilo sie gern gemocht, und sie liebte den Jungen auch, denn es war immer ihr Kummer gewesen, daß sie keine Kinder hatte. Sie war eine fröhliche Frau, die beim Waschen und Kochen Lieder sang. Alte und neue spanische Lieder waren das, aber auch andere; sie stammten wohl von ihren Vorfahren, die als Sklaven aus Afrika geholt worden waren.

Bald wurde Juana allen unentbehrlich, besonders den Eltern Camilos, die am frühen Morgen fortgingen und erst spätabends nach Hause kamen. Sie arbeiteten in der neuen Verwaltung, und was gab es da für Schwierigkeiten! Sie hätten schon genug zu tun gehabt, wenn es nur darum gegangen wäre, die Bevölkerung zu versorgen.
Es gab Schwierigkeiten anderer Art: Die Mordbanden waren ins Gebirge geflohen. Fidel und seine Männer wären bestimmt im Handumdrehen mit ihnen fertig geworden, aber die amerikanische Regierung sandte den Banden mit Flugzeugen Waffen, Munition und Lebensmittel. Die Yankiflugzeuge warfen auch Brandbomben in die Zuckerrohrfelder und setzten mit Fallschirmen Leute ab, die den Auftrag hatten, die Zuckerfabriken in die Luft zu sprengen. Der Zucker aber ist der Reichtum Kubas.
Camilo trieb sich in den Straßen

umher. Ein Lastauto kam vorbeigeprasselt. Männer standen darauf, der Rest einer Bande, die man in den Bergen eingekreist hatte. Als sie vor einem Gebäude vom Lastauto sprangen, drang die wütende Menschenmenge auf sie ein und wollte die Schädlinge erschlagen. Die Wachtmannschaften aber bildeten eine Kette um sie und hielten ihre Gewehre quer, um die Menschen nicht heranzulassen.

,,Nehmt Vernunft an", rief einer. ,,Die Gefangenen werden ihre Strafe erhalten, aber in einem ordentlichen Verfahren vor Gericht."

Wenige Tage später hörte Camilo, im Hafen wäre ein Schiff in Brand geraten. Mit den Jungen rannte er wie besessen zur Uferstraße. Dort standen schon viele Leute und blickten nach der Rauchsäule, die in den tiefblauen Himmel stieg. Die Jungen kletterten auf die Ufermauer und sahen nun das brennende Schiff. Rote Flammen schlugen heraus. ,,Das waren sicher

die Yankis!" schrie ein Mann.
„Nein, es sollen Franzosen gewesen sein."
„Die sind auch nicht besser! Seit Jahren kämpfen sie gegen die Algerier, die nichts anderes wollen als wir."
„Vielleicht hatte das Schiff Zucker geladen. Wir wollen doch dafür Lebensmittel kaufen und Maschinen."
„Vielleicht waren es auch Lebensmittel für uns? Die Yankis wollen uns unter Hunger setzen, damit wir ihren Massenmörder Batista wiedernehmen."
„Die Yankis haben unsere reiche Insel arm gemacht. Gestern konnte meine Frau auf dem Markt nur ein paar Zwiebeln kaufen."
„Möge Gott die Yankis zerschmettern!"
„Da bitte doch den Erzbischof, er soll das beim lieben Gott beantragen!"
In das ausbrechende Gelächter schrie eine empörte Stimme: „Gerade die Bischöfe! Die sind doch mit den

Yankis verbündet!"
Eine Explosion auf dem Schiff. Hoch fuhr eine Stichflamme in den Himmel.
Zwei Sanitätsautos kamen in schneller Fahrt. Die Erregung der Menschen stieg. Immer mehr Sanitätsautos kamen vom Schiff her.
Ein Mann mit einem Kopfverband wurde von einem anderen geführt.
„Was ist geschehen?" schrie man die beiden an.
„Die Hunde! Eine Menge Leute waren auf das Schiff gelaufen, um zu löschen und den Verwundeten zu helfen. Da kam die zweite Explosion."
„Woher denn eine zweite?"
„Das hatten die Verbrecher vorbereitet. Es sollten eben noch mehr umkommen. Den hier hat es auch erwischt."
„Was hatte denn das Schiff geladen?"
„Waffen für uns. Wißt ihr, wie wir unsere Ersparnisse zusammengekratzt haben? Weil wir Waffen im Ausland

kaufen müssen, wenn wir uns gegen die Yankis wehren wollen. Wir haben doch keine Waffenfabriken."

„Hat man die Franzosen schon festgenommen?"

„Und wennschon, glaubst du, die Matrosen sind die eigentlich Schuldigen? Die Schuldigen sitzen in Sicherheit in New York auf ihren Goldsäkken."

Als Camilo einige Stunden den Löschversuchen zugesehen hatte, rannte er nach Hause.

„Sitzen die Yankis immer in New York auf Goldsäcken?" fragte er den Großvater.

Der Alte schüttelte den Kopf. „In New York sieht es ganz anders aus, als du denkst. Ich bin doch früher zur See gefahren, und unser Schiff hat auch in New York angelegt. Nach Arbeitsschluß sind wir an Land gegangen. In die Lokale der Reichen hätte man uns nicht gelassen, weil sie uns als Farbige verachten, und in den Lokalen der Armen sah es auch nicht

viel anders aus als bei uns."
„Warum sagen dann die Leute, die Yankis säßen auf Goldsäcken?"
„Das war vielleicht früher mal so, aber heute liegt das Gold in den Kellern der Banken hinter dicken Stahltüren. Irgendwo soll es auch eine Festung geben, in der ein ungeheurer Schatz aufbewahrt wird. Um die Festung haben sie elektrische Drahtzäune gespannt, damit niemand das Gold stehlen kann. Außerdem umkreisen bewaffnete Wächter mit Hunden Tag und Nacht die Festung."
„Was sind das für Hunde? Wohl ganz große?"
„Ich war doch nicht dort. Du denkst wohl, ein armer Teufel wie ich wird auch nur in die Nähe von dem großen Schatz gelassen?"
„Woher weißt du denn das?"
„Ich habe eben davon reden hören."
Der Großvater verstummte und hinkte ins Freie. Er redete ungern darüber,

daß er nicht lesen konnte.
Der Junge sah das betrübte Gesicht seines sonst so lieben Opas und dachte, er, Camilo, hätte etwas Dummes gesagt.

Um die Schule

Als der Junge am Abend schlief, kamen die Eltern müde nach Hause. Der Großvater saß stumm neben ihnen, während sie das Nachtmahl einnahmen, das Juana ihnen vorsetzte. „Es ist nicht reichlich", sagte die Dicke. „Als ich heute auf den Markt kam, fand ich die Preise wieder gestiegen. Es gab wenig zu kaufen und gar kein Fleisch. Wenn ich das nur verstünde."
„Das machen die Yankis", erwiderte der Mann.
„Wie können sie denn das? Sie sind doch von der Insel weg."
„Sie können uns vorläufig noch von ferne schaden. Früher haben sie uns

gezwungen, überall Zuckerrohr anzubauen und das Getreide von ihnen zu kaufen. Jetzt nehmen sie uns den Zucker nicht ab, und verkaufen tun sie uns gar nichts mehr."

„Weshalb bauen wir dann nicht selbst Getreide an? Alle sagen, unsere Insel ist sehr fruchtbar."

„Als ob das so schnell ginge! Glaubst du, die Arbeiter aus den Rohrplantagen verstünden etwas davon? Man hat sie doch dumm gehalten. Und woher nehmen sie das Saatgetreide und die Pflüge? Ein Bauer braucht auch eine Menge Geräte für seine Wirtschaft."

„Aber was soll da werden? Ich kann morgen auf dem Markt von dem Geld, das ihr mir gebt, nicht einmal soviel kaufen wie heute."

Camilos Mutter blickte ihren Mann fragend an.

Er antwortete erst nach einer Weile: „Sieh mal, Juana, wir bekommen natürlich Geld für unsere Arbeit und sogar mehr als früher. Alle bekommen heute mehr, die Hafenarbeiter, die Eisenbahner, die Bäcker. Alle wollen nun auch mehr kaufen, und dabei gibt es weniger Waren. Daß es weniger gibt und daß wir es teuer bezahlen müssen, das wollen die Yankis. Sie wissen, daß dann das Volk unzufrieden wird. Das ist nun mal so, weil wir neu anfangen, und richtig helfen kann uns niemand. Von der Sowjetunion und den anderen Ländern, die uns Zucker abnehmen und dafür Getreide liefern, wollen schließlich nicht nur wir Unterstützung, sondern auch die früheren Kolonien in Afrika und Asien, die sich befreit haben. Dort ist es ähnlich wie bei uns. Überall versuchen die Engländer, Franzosen und die Yankis in derselben Weise zu schaden, um dann sagen zu können: Unter unserer Herrschaft war es doch besser. Besinnt euch und kommt zurück in unsere Arme!"

„Solche Schufte", sagte Juana. „Da soll ich wohl auch meinen Mann wieder nehmen und mir von ihm erzäh-

len lassen, daß er für eine gute Sache gekämpft hat, der Mörder!"
Die Eltern lachten, weil die Dicke so erregt war, und versuchten sie zu beruhigen.
Nur der Großvater blieb ernst und sagte plötzlich: „Da redet ihr von allem möglichen und seht das Nächste nicht." Überrascht blickten sie sich an. Er, der sonst so Geduldige, sah sehr ärgerlich aus. „Ja, ihr denkt nicht an Camilo. Der Junge läuft auf den Straßen herum, wie ich es getan habe, als ich Kind war. Damals ging es nicht anders. Er fragt mich nach allerhand, und ich kann ihm nicht recht antworten, weil ich nie in der Schule war. Aber jetzt gibt es auch für unsere Kinder Schulen." So jäh, wie er begonnen hatte, hörte er auf zu sprechen.
Camilos Mutter war rot geworden. „Großvater hat recht. Vor lauter Sorgen um andere Leute haben wir an unseren Jungen nicht gedacht. Opa, kannst du ihn nicht in der Schule

anmelden? Wir kommen doch nicht dazu."

Der Alte kratzte sich verlegen den Kopf. Er hatte eine solche Hochachtung vor Lehrern, daß er sich den Gang zur Schule schrecklich schwierig vorstellte. Noch lange, als die Eltern schon schliefen, saß er da, stierte mit seinem einen Auge vor sich hin und überlegte sich die höflichen Worte, mit denen er dem Schuldirektor gegenübertreten wollte, um darum zu bitten, Camilo aufzunehmen. Darüber schlief er am Tische ein und träumte von einem riesigen Keller mit lauter Goldsäcken. Quervor saß ein Lehrer mit Brille und sah ihn durchdringend an. Zu seinen Seiten standen riesige Hunde mit krummen Beinen. Das aber war noch nicht das Schlimmste. Der Großvater hatte vergessen, weshalb er hergekommen war. Einen Zettel, auf dem alles geschrieben stand, hielt er verzweifelt in der Hand, konnte es aber nicht lesen. Das machte den Lehrer und die Hunde noch miß-

trauischer. Ausreißen konnte er nicht, weil er am Tisch festgebunden war.
Mit einem dumpfen Schrei fuhr er hoch, war aber noch so entsetzt, daß er immer wieder klagende Laute von sich gab.
Camilos Vater war aufgewacht und kam heran.
„Aber Opa", sagte er beruhigend, „weshalb legst du dich nicht hin? So schlecht geht es uns doch gar nicht mehr, daß du so unbequem schlafen mußt."
Nun schlief der Großvater ruhig bis zum Morgen ohne quälenden Traum.

Der erste Schultag

Die Anmeldung in der Schule war dann sehr einfach. Der Mann, der Camilos Namen und Adresse aufschrieb, hatte für höfliche Worte keine Zeit.
Am ersten Schultag begleitete der

Großvater seinen Enkel. Die meisten Kinder kamen mit ihren Eltern. Der Lehrer war ein uralter Mann in einer an den Knien ausgebeulten Hose und einem mehrfach geflickten Hemd. Seine Füße steckten ohne Strümpfe in alten Schuhen.

Das ist ja einer wie ich, dachte der Großvater, und das beruhigte ihn. Er konnte nicht wissen, daß dieser Mann noch nie Unterricht gegeben hatte. Für die vielen neuen Schulen hatte man nicht genug Lehrer, und daher waren alle, die lesen und schreiben konnten, aufgerufen worden mitzuhelfen. An dieser Schule gab es Lehrer von achtzig Jahren bis herunter zu achtzehn.

Die Kinder mußten sich auf die Bänke setzen. Die Eltern standen an der Wand, da die Sitzplätze nicht ausreichten. Der Lehrer wollte ihnen etwas sagen und bat sie, noch nicht wegzugehen, auch wenn es eng wäre.

„Sie wissen wohl", begann er, „daß der Unterricht nichts kostet und un-

sere revolutionäre Regierung den Schülern auch Hefte, Kugelschreiber und alles andere geben möchte. Woher soll sie aber auf einmal so viel beschaffen? Daher bitten wir die Eltern: Schauen Sie zu Hause nach, ob Sie vielleicht Hefte oder Federhalter haben, und geben Sie die den Kindern mit. Wir haben übrigens erfahren, daß die Deutsche Demokratische Republik ein Schiff schickt. Es trägt den Namen ‚Völkerfreundschaft'. Dieses Schiff ist voller Geschenke für das befreite Kuba, und darunter befinden sich auch Schulhefte, Bleistifte und Radiergummis, die deutsche Schulkinder für ihre kubanischen Freunde gesammelt haben. Das können aber nicht so viele sein, wie wir brauchen. Also helfen Sie uns, Ihre Kinder auszustatten!"
Camilo, der neben einem schon ziemlich großen Mädchen auf einer Bank saß, wunderte sich. Da müssen die deutschen Kinder aber reich sein!
Wo die Deutschen wohnen, wußte er

nicht, irgendwo hinter dem Meer. Weil sie aber den kubanischen Kindern etwas schenkten, versuchte er, sich eine Vorstellung von ihnen zu machen. Sicher haben sie auch dunkle Augen wie wir — so häßliche blaue wie die Yankis können solche guten Menschen nicht haben.

Wieder müssen die Eltern fort

Der erste Schultag verging mit Vorbereitungen für den eigentlichen Unterricht. Bald schon begaben sich die Eltern mit ihren Kindern nach Hause.
Aufgeregt redeten die Menschen draußen aufeinander ein. Was war geschehen? Vorläufig gab es nur Gerüchte. Die einen behaupteten, die Yankis wären mit Truppen gelandet, um den blutigen Batista wieder einzusetzen. Andere sagten, es wären nur Kriegsschiffe nahe der Küste erschienen, von denen Flugzeuge aufstiegen

und durch Bomben mehrere Orte zerstört hätten.

Zu Hause trafen Großvater und Camilo die Eltern. Zu dieser Zeit waren sie sonst nie da.

„Gut, daß ihr endlich kommt", sagte der Vater. „Wir müssen gleich fort."

„Wohin?" fragte Camilo. Vor Schreck klang seine Stimme ganz hoch. „Wir alle müssen fort? Ist Batista wieder da?"

Die Mutter lachte. „Nein, so einfach ist das nicht. Das ganze Volk ist doch gegen ihn. Aber..." Sie zog Camilo in das Badezimmer und schloß hinter sich die Tür. „Juana braucht uns nicht zu hören. Wer weiß, ob die Banden in den Bergen nicht unter dem Befehl ihres Mannes stehen."

„Aber sie ist doch gegen ihren Mann."

„Sicher, aber wozu sollen wir ihr das Herz schwer machen?"

„Mutter, wenn es nur ein paar Banden sind, kehrt ihr doch bald wieder zurück?"

„Ich fürchte, das ist nicht so. Die

Yankis versuchen immer erneut, uns zu unterjochen. Deshalb werden wir vielleicht für längere Zeit auf dem Lande bleiben müssen. Dort gibt es viel zu tun, und wir sind ausgesucht worden, weil man zu uns Vertrauen hat. Nun muß ich dir noch etwas Ernstes sagen. Du bist ja groß genug, um das zu verstehen. Es wird für euch hier schwer werden.. Gerade wollte ich dir eine neue Hose kaufen, aber nun brauchen wir das Geld, um uns auszurüsten. Es ist sogar fraglich, ob wir euch etwas schicken können."
Camilo umschlang seine Mutter. Sie sprach mit ihm wie mit einem Erwachsenen, und er liebte sie sehr. Noch mehr aber bewunderte er sie, die Heldin, die in die Gefahr gehen wollte.
Sie blickte ihm freundlich ins Gesicht. ,,Wirst du auch gut lernen?"
Er nickte nur, und sie sah an seinem ernsten, bekümmerten Gesicht, daß er sich große Mühe geben würde.

Der Großvater will etwas

Es wurde still in dem schönen, weißen Hause. Der Großvater nahm Gelegenheitsarbeit an, die es nun überall gab, da gebaut und viel Neues geschaffen wurde.
Eines Tages aber stürzte er und konnte längere Zeit nicht arbeiten.
Selbst die sonst so fröhliche Juana sprach wenig. Camilos Eltern hatten ihr nicht gesagt, daß sie vielleicht gegen ihren Mann kämpfen würden. Aber sie fürchtete, auf dem Markt könnte jemand erfahren, daß sie mit dem Scheusal verheiratet war. Dann würden ihr die Menschen mißtrauen und denken, sie ließe ihm heimlich Nachrichten zukommen. Das bedrückte sie. Ihr ganzer Trost war Camilo, und um ihn sorgte sie sich, weil das Krankengeld des Großvaters für drei Personen nicht reichen konnte. Sollte sie eine Arbeit annehmen?
Da kam eines Morgens die Postbotin mit einem Brief für den Großvater.

Noch nie in seinem Leben hatte er einen Brief erhalten. Er wendete ihn hin und her und wußte nicht, wo oben oder unten war. Verlegen und sehr neugierig ging er zu Juana in die Küche. Die blickte darauf. „Das ist ja von deinem Sohn! Setz dich; ich lese ihn dir vor."
Er war jedoch zu aufgeregt, um sich zu setzen.
„Lieber Großvater! Wir sind in einem kleinen Dorf. Uns geht es gut, aber die Leute hier sind sehr arm. Die Hütte ist eng für so viele. Das einzige, was wir Euch senden können, ist dieser Geldschein. Juana soll uns mal schreiben, wie es Euch geht. Sage Camilo, er soll gut lernen. Hier merkt man erst, was das wert ist."
Der Großvater ließ es sich noch einmal vorlesen, dann ein drittes Mal, obwohl er nach dem ersten Mal die wenigen Sätze fast auswendig wußte. Es überwältigte ihn, daß er, der alte Hafenarbeiter, einen Brief bekommen hatte. Gleichzeitig aber empfand er es

auch als Schande, daß er ihn nicht lesen konnte. Weshalb soll ich es nicht noch lernen?
Dieser Gedanke ließ ihn nicht mehr los, aber er wußte nicht, wie er es beginnen sollte. Vielleicht konnte er Camilo etwas abgucken, wenn der zu Hause saß und, tief über das Papier gebeugt, seine Buchstaben schrieb? Er setzte sich also neben seinen Enkel und schielte auf das Papier. Dabei wunderte er sich, daß Camilo ein Ei malte und dazu „O" sagte. Es schien ihm vernünftig, daß man ein Ei so schrieb, wie eben ein Ei aussieht, aber warum sagte Camilo dazu nicht „Huevo", wie doch das Ei auf spanisch heißt?
Da kam ihm ein Gedanke. „Kannst du auch ‚Frau' schreiben?"
„Ja, Opa, warum?"
„Schreib es mal hin."
Camilo schrieb:

mujer

Erstaunt fragte der Großvater: „Die ist ja viel breiter als Juana und hat nur ein Bein. Bei Männern kommt das öfter vor als bei Frauen. Und der Kopf von deiner Frau ist doch zu klein und hat keine Augen." Dabei zeigte er auf den Punkt des j.

Da begriff Camilo, was der Opa meinte. Er hatte die Buchstaben einfach gelernt, wie es alle Schüler tun. Daß aber das Wort Frau nicht wie Juana aussah, darüber hatte er sich bisher keine Gedanken gemacht. Nun begann er eifrig, seinem Großvater das Wort vorzubuchstabieren. Darauf zeigte er ihm noch andere Wörter.

Der Opa saß stumm und steif da, als ob ihn das wenig anginge. In Wirklichkeit aber blickte er genau hin und versuchte, sich alles zu merken.

Diesen Abend blieb er ungewöhnlich lange auf, denn er hatte einen geheimen Plan. Nachdem sie gegessen hatten, half er Juana das Geschirr abzutrocknen. Dann erklärte er, er wollte noch ein bißchen ins Freie, die Nacht wäre so schön. Da aber der Mond nicht schien und niemand mehr auf der Straße war, wurde der Spaziergang langweilig. Er horchte, ob er noch Geräusche aus dem Hause hörte, und erst als er ganz sicher war, daß auch Juana schon schlief, ging er so leise hinein, wie es mit seinem lahmen Bein möglich war. Er holte sich Camilos Schreibheft und malte die Wörter nach, die der Enkel geschrieben und von denen er behalten hatte, was sie bedeuteten. Alle Muskeln spannte er dabei an, um die Striche gerade zu ziehen oder gleichmäßige Bogen zu machen. Je mehr er sich aber anstrengte, desto schlechter wurde es.

Schließlich legte er sich schlafen und träumte, Juana hätte so breite Hüften bekommen, wie manche abstehende Ohren haben, und sie ginge auf einem Bein in der Küche hin und her. Das verwunderte ihn nicht, aber ihr Bein war krumm und drohte sich nach

einer Seite ganz durchzubiegen. Wie er sich auch mühte, er bekam das Bein nicht gerade. Es war ein unangenehmer Traum.
Camilo bemerkte erst in der Schule, daß ihm jemand in sein Heft schreckliche Krakel gemacht hatte. Schnell blätterte er um, damit niemand sie sähe, und tatsächlich achtete keiner darauf.

Die geheime Zusammenarbeit

Als er an diesem Nachmittag mit seinen Hausaufgaben begann, setzte sich sein Großvater wieder dicht neben ihn.
„Opa", sagte Camilo, „wenn ich nur wüßte, wer mir die Krakel dahinein gemacht hat, und die ‚Insel' ist auch ohne s geschrieben! Ich habe mich so geschämt."
Der Alte blickte Camilo von der Seite an und sah, daß der Junge wirklich bekümmert war. Da sagte er: „Das war ich."

„Du?"
„Ja, ich. Aber wenn du dich schämst, kann ich auf ein anderes Papier schreiben, nur ..." Der Großvater wurde verlegen, und Camilo bekam erst allmählich heraus, was den Alten bedrückte. Wenn er sich Schreibpapier kaufte, konnte herauskommen, daß er das Schreiben lernen wollte. Vielleicht würde man den Lahmen und Halbblinden verhöhnen. Hätte er aber wirklich Papier, wohin sollte er es legen, ohne daß die schlaue Juana etwas davon merkte?
„Da kann ich dir doch helfen, Opa. Gib mir ein bißchen Geld, und ich besorge es dir. Dann lege ich es immer zwischen meine Schulsachen."
Der Großvater kramte aus seiner Hosentasche ein paar Centavos. Wie der Wind lief Camilo fort.
Während der Abwesenheit des Jungen dachte sich der Alte etwas Neues aus. Als Camilo das Heft auf den Tisch legte, sagte der Großvater mit einem listigen Zwinkern seines einen Auges:

„Du bringst mir jetzt bei, was du gelernt hast."
Camilo war gar nicht begeistert. Dann würden seine Schularbeiten noch länger dauern, und er wollte doch mit anderen Jungen spielen. Sein Zögern aber machte den Großvater traurig. Deshalb holte Camilo tief Luft und sagte: „Gut, Opa, das machen wir."
Mit seiner hohen Kinderstimme begann er, ganz im Tonfall des Lehrers, eifrig zu erklären.
Während sie so zusammen saßen, kam Juana herein. Sie hatte vorher in der Küche herumgeklirrt und dazu das unendlich traurige Volkslied von der Llorona gesungen. Diese Llorona, das heißt „die Heulende", war irgendein Wesen, eine Art Gespenst, das in den Nächten von unendlichem Leid singt. Juana konnte mit ihrer schönen Stimme die endlosen Klagen so hübsch dehnen.
Durch das unerwartete Hereinkommen von Juana waren beide erschrokken. Die Dicke blickte aber kaum hin,

holte etwas und verschwand wieder. Dieser Vorfall hatte aber Camilo gezeigt, wie leicht ihre heimliche Arbeit herauskommen konnte. Als sie für heute fertig waren, schlich sich Camilo in die Küche und stieß Juana mit dem Finger in den Rücken. Sie blickte sich um. Leise sagte er: ,,Tante, du mußt uns helfen."

Wie stets war sie zur Hilfe bereit. ,,Was hast du denn angestellt?" fragte sie.

,,Nichts, Tante, aber Großvater ..."

,,Na, was ist mit ihm? Ich verspreche dir, es niemand weiter zu sagen."

,,Wir, das heißt, der Opa — will lesen und schreiben lernen."

Juana war verwundert, daß Camilo darum ein solches Geheimnis machte. ,,Das wollen heute viele. Er braucht nur dahin zu gehen, wo man den Erwachsenen Unterricht gibt."

,,Das will er eben nicht, Tante."

,,Dann kann er es nicht lernen."

,,Doch, ich soll ihm Unterricht geben."

„Du?" Juana lachte hell heraus. „Na gut, und — das ist es wohl, was du willst — ich soll nichts hören und nichts davon sehen? Das ist einfach."
Es machte ihr Spaß, die Geheimnistuerei noch weiter zu treiben, und mit einer fast so traurigen Stimme wie ihre Llorona sagte sie: „Ich kann schweigen wie das Grab."
„Aber Großvater darf nicht merken, daß ich es dir verraten habe."
„Verlaß dich auf mich, mein Junge."
Sie faßte ihn an den schmalen Schultern und gab ihm einen schallenden Kuß. Das aber gefiel ihm gar nicht. Er war jetzt Lehrer und wollte nicht geküßt werden wie ein kleines Kind.
Eine halbe Stunde später — Camilo war zum Spielen hinausgelaufen — kam der Großvater in die Küche. Zuerst guckte er in alle Ecken, wo nichts Besonders zu sehen war.
Was will denn der Opa? fragte sich die Dicke.
„Du hast wohl recht viel zu tun, Juana, hier in dem schönen Hause?"

Welch dumme Frage. Sie antwortete ebenso nichtssagend: „Mir geht es hier gut, und dir, Opa?"
„Na ja, aber..."
„Behandle ich dich etwa schlecht?"
„Nein, nein! Aber du bist doch immer um uns herum."
„Das geht nicht anders. Weshalb belästigt dich denn das?"
„Ich, ja — verstehst du, ich bin doch nie zur Schule gegangen."
Nun begann Juana zu begreifen, was er wollte. Sie tat aber, als wäre ihr das ganz neu, und hörte ihn mit scheinbar vor Staunen aufgerissenen Augen an, als er ihr im Vertrauen mitteilte, daß er bei seinem Enkel Unterricht nahm.
„Du merkst es ja doch", sagte er, „und deshalb sage ich dir's, aber Camilo — du verstehst, er gibt sich solche Mühe."
Mit noch ernsterer Stimme als dem Jungen versicherte sie dem Alten: „Ich kann schweigen wie das Grab."
Als er gegangen war, sang sie noch einmal ihre ewig jammernde Llorona,

aber das tat sie nur, weil sie eigentlich lachen mußte. Zugleich fand sie es rührend, wie beide ihr in so guter Absicht dasselbe Geheimnis mitgeteilt hatten, wobei jeder glaubte, das sehr schlau gemacht zu haben.

Der zerbrochene Federhalter

Der ungewöhnliche Unterricht hatte eine Folge, an die weder der Alte noch sein Enkel gedacht hatten. Wenn Camilo in der Klasse saß, paßte er auf, wie der Lehrer etwas sagte, damit er es seinem Großvater wörtlich wiederholen konnte. Dadurch wurde er ein besonders guter Schüler. Er wußte einfach alles, was drangekommen war.
Da geschah ein Unglück.
Dem Opa fiel der Füllfederhalter so unglücklich auf die Fliesen des Fußbodens, daß er zerbrach und die Hosen des Alten fast bis zu den Knien mit Tinte bespritzte. Sie betasteten

beide den Federhalter. Es war unmöglich, ihn zu reparieren.

„Jetzt merkt Juana was", flüsterte der Großvater.

„Die merkt nichts. Ich habe ihn runterfallen lassen."

„Du wirst doch nicht die Schuld auf dich nehmen."

Camilo lachte. „Das tut mir nicht weh, du warst es ja doch, Opa. Woher bekomme ich aber einen neuen Halter? Der Lehrer sagt, in der Schule gäb's keine mehr."

„Ich besorge dir einen. Aber die Tintenflecke auf den Marmorfliesen?"

Camilo rannte in die Küche, um Wasser, Seife und eine Bürste zu holen.

„Wozu brauchst du denn das?" fragte Juana.

„Mir ist der Federhalter auf den Boden gefallen. Es sind greuliche Flecke."

„Laß mich das erst mal ansehen."

Als sie in die Stube traten, stand der

Großvater im Hemd da, und das war reichlich kurz. Die Hose hatte er ausgezogen, um sie selbst zu waschen.
Juana mußte so lachen, daß alles an ihr wackelte. „Na, gib mir die Hose, Opa. So was verstehe ich besser als du." Sie ahnte, was in Wirklichkeit geschehen war. Wenn wirklich dem Camilo der Federhalter heruntergefallen wäre, wie kämen dann die Tintenflecke auf die Hose des Opas?
Die Geheimnistuerei machte ihr erneut solchen Spaß, daß sie beim Reinigen in der Küche wieder sang, aber diesmal nicht die herzzerreißende Llorona, sondern eins der neuen Kampflieder.
Währenddem saß der Großvater neben Camilo und versteckte seine nackten Beine unter dem Tisch. Sie konnten vorläufig nicht schreiben, weil sie keinen Federhalter hatten, sondern lasen nur. Beide waren wenig bei der Sache, besonders der Großvater, weil er sich fragte, ob sein Geld

für einen neuen Füllfederhalter reichen könnte. Das war aber recht unwahrscheinlich.
Als Camilo gerade las: ,,Die Sonne geht rot über dem Meer unter", unterbrach ihn der Alte. ,,Geh mal zu Juana. Ich kann doch nicht in meinem kurzen Hemd. Sag ihr, ich muß die Hose wiederhaben, auch wenn sie noch naß ist."
Camilo flitzte hinüber, Juana hatte sie nicht nur gewaschen, sondern sogar gebügelt. Dadurch sah man leider recht deutlich, wie alt sie war.
Der Großvater begab sich in den nächsten Papierladen. Muffig erklärte der Verkäufer: ,,So was haben wir nicht mehr!"
Der Großvater humpelte weiter. In einem offenen Laden stand der ältliche Besitzer im Gespräch mit einem sehr ernst aussehenden Herrn.
,,Haben Sie Füllfederhalter?"
,,Wozu brauchen Sie einen?"
,,Meinem Enkel ist seiner entzweigegangen."

Der ernste Herr blickte den Großvater mißtrauisch an. „Die Yankis lassen alles Seltene bei uns aufkaufen, damit die Not noch größer wird."
„Ich bin doch keiner."
„Das sieht man, aber woher haben Sie das Geld für einen Füllfederhalter?"
Eingeschüchtert sagte der Alte: „Da soll es auch noch etwas Billigeres geben."
„Sie meinen wohl einen Kugelschreiber?" antwortete der Geschäftsinhaber. „Die sind alle an die Schulen abgegeben. Nur Bleistifte gibt es."

Pionier werden

Der Großvater kehrte mit einem Bleistift zurück.
Er war recht nachdenklich, so daß ihn Camilo fragte: „Was hast du denn, Opa?"
Nun erzählte er, daß man ihn verdächtigt hätte, für die Yankis Waren

aufzukaufen, um so die Not zu vermehren.
„Bei uns in der Schule", sagte Camilo, „gibt es Kinder, die gegen Yankis sind. Die heißen Pioniere."
„Du willst wohl einer werden?"
„Nein."
„Warum denn nicht? Du bist doch auch gegen die Yankis." Zuerst wollte Camilo nicht mit der Sprache heraus. Dann aber gestand er, in seiner zerrissenen Hose ginge das nicht. Pioniere müßten gut angezogen sein.
„Ist das dein ganzer Grund? Sonst würdest du Pionier werden?"
„Oh, so gern."
„Dann kann ich dir helfen."
„Wie denn? Wir haben doch kein Geld, und du kannst jetzt nicht arbeiten und welches verdienen."
„Ja, ja, ich bin ein lahmer und halb blinder Teufel, wie sie mich nennen."
Camilo unterbrach ihn empört: „So eine Gemeinheit, das zu sagen!"
„Das meinen die nicht schlecht. Und

weil es stimmt, soll ich im nächsten Monat Geld bekommen. Invalidenrente heißt das, und dann kauf ich dir eine neue Hose."
„Wenn du aber kein Geld bekommst?"
„Weshalb sollte mir denn unser Staat keins geben?"
„Weil oft was versprochen wird, und nachher guckst du doch in den Mond."
Ärgerlich erwiderte der Alte: „Das war mal so, aber gerade darum haben wir doch die Revolution gemacht, damit solche Gaunereien endlich aufhören."
Camilo glaubte diesmal seinem Großvater nicht, und es betrübte ihn, daß der Alte ihm etwas vorredete, um ihn zu trösten. Er wollte ja so gern Pionier werden.
Und wenn es doch wahr wäre?
Zwischen Hoffnung und Zweifel schwankte er hin und her. Die Geschichte mit dem Geld beschäftigte ihn stark, abends konnte er nicht einschlafen, weil er darüber nachdenken

mußte. Der Großvater lügt mich an, und ich kann meine Hose nicht bekommen, dachte er.
Er zog sich die Decke über den Kopf und weinte.
Auch in den nächsten Tagen verließ ihn sein Kummer nicht. Die Pioniere kamen mit blau-weißen Tüchern um den Hals in die Schule. Er schielte zu ihnen hinüber und bemühte sich, seine Trauer nicht zu zeigen.
Eines Nachmittags kam der Großvater mit einem neuen Hut nach Hause. Sein alter hatte aber auch zu lumpig ausgesehen. ,,Junge", sagte er, ,,heute darfst du nicht draußen spielen."
,,Was soll ich denn ausgefressen haben?"
,,Nichts, aber du mußt mich begleiten. Ich höre ein bißchen schlecht, und wenn ein Auto kommt..."
,,Da passe ich schon auf."
Sie gingen also zusammen aus, und dabei führte der Enkel den Großvater so an der Hand, als ob der das Kind

wäre. Aber wohin wollten sie nur? Hier waren ja die feinen Läden.
Der Opa blieb stehen und hielt den Kopf schief, wie er es oft tat, um mit seinem einen Auge besser sehen zu können. „Da, schau mal hin, die feinen Hosen."
Nun begriff Camilo. Der Großvater hat wirklich Geld bekommen? Nicht gelogen hat er!
Kaum konnte er sein Glück fassen, als der Verkäufer schon prüfend an ihm herunterschaute, welche Nummer er brauchte. Dann mußte Camilo eine Hose anprobieren. Sie saß und war am Rande sogar fest gesäumt. Nur die Knöpfe gingen schwer durch die noch steifen Löcher.
Er durfte die Hose gleich anbehalten. Die alte, zerrissene wurde zusammengewickelt, und der Opa zahlte.
Am nächsten Morgen während einer Schulpause ging Camilo zum Freundschaftsrat und sagte: „Ich will Pionier werden. Jetzt habe ich eine gute Hose und mache euch keine Schande."

Sie kannten ihn zwar als besten Schüler, aber seine Aufnahme mußte erst von allen Pionieren beschlossen werden.

Eine große Dummheit

Dann geschah das Unglück.
Eines Tages kam ein Mann in die Schule. Er trug eine gute, fast neue Jacke und nicht ein verwaschenes Hemd wie der Lehrer. Der uralte Klassenlehrer sagte den Schülern: „Gleich kommt der Schulrat. Bohrt euch nicht in den Nasen, und meldet euch möglichst alle, wenn er etwas fragt, damit er sieht, wie gut ihr gelernt habt."
Der fremde Mann betrat das Klassenzimmer. Er setzte seine Brille auf, um im Klassenbuch zu lesen. Darauf nahm er sie wieder ab und blickte über die Klasse. „Wer ist denn von euch der beste Schüler?"
Der Lehrer war etwas aufgeregt.

„Komm du vor, Camilo, und bringe dein Schulheft mit."
Der Junge stand vor dem Schulrat und hielt sein Heft hin. Der setzte seine schwarz eingefaßte Brille wieder auf und betrachtete sichtlich befriedigt die Schreibereien. Plötzlich aber zog er die Augenbrauen hoch. „Was ist denn das hier?" Er deutete mit dem Finger auf die Krakel des Großvaters.
Camilo wurde blaß. Durfte er sagen, daß sein Opa so schlecht schrieb? Nein, nein! Der gute Großvater hatte ihm die Hose gekauft. Verwirrt stammelte er: „Da war ich besoffen."
Mit stählernem Blick sah ihn der Schulrat an. „Man sagt nicht besoffen, sondern betrunken." Darauf wandte er sich an den entsetzten Lehrer: „Sie scheinen Ihre Schüler schlecht zu kennen. Einen so verkommenen Knaben stellen Sie mir als besten Schüler vor? Ich habe hier genug gesehen." Damit verließ er die Klasse.
Laut sagte der alte krumme Lehrer zu

Camilo: „Setz dich!"
Den Rest der Stunde vermied er es, zu Camilo hinüberzusehen, der ihm solche Schande gemacht hatte.
Ganz schlimm aber wurde es in der Pause. Seine Mitschüler gingen zu den größeren Jungen, zeigten auf Camilo und sagten laut: „Der säuft!"
In der darauffolgenden Pause kam gar der Freundschaftsrat zu ihm, zwei Jungen und ein Mädchen, das ihm mitleidslos sagte: „Säufer können nicht Pioniere werden." Sie wandten sich wie auf ein Kommando alle zugleich ab und ließen ihn stehen. Er weinte nicht, stand nur mit gebeugtem Kopf da und sah so seine neue Hose an. Großvater hatte sie ihm aus Liebe geschenkt, und nun? Auf dem Wege nach Hause mieden ihn die Mitschüler. Er mußte sich sehr zusammennehmen, um dem Opa ein gleichgültiges Gesicht zu zeigen. Sie lernten wie sonst zusammen.
Als die ärgste Tageshitze vorbei war, wollte Camilo auf die Straße gehen.

Es fiel ihm aber noch rechtzeitig ein, daß vielleicht niemand mit ihm spielen würde. Daher ging er ins Badezimmer, tat so, als ob er sich nur abduschte, aber er zog die neue Hose aus, weil er nun doch kein Pionier werden konnte. Danach setzte er sich in der zerrissenen Hose ins Wohnzimmer an den Tisch und schlug sein Heft auf. Was aber sollte er schreiben? So eine furchtbare Dummheit zu sagen! Er vermochte sich nicht mehr zu beherrschen, und zwei Tränen fielen auf sein Heft. Freilich konnten dadurch die Bleistiftstriche nicht auslaufen, aber das schlechte Papier quoll auf und bekam häßliche Flecke. Nun weinte er erst richtig.

Beim Lehrer

Der Großvater fand ihn schluchzend, das Gesicht auf einen Arm gelegt. Erstaunt betrachtete er den Jungen. Der hatte ja die zerrissene Hose

wieder angezogen! Aha, jemand hat ihm die neue gestohlen! „Hör auf zu weinen! Ich kaufe dir eine noch schönere Hose."
Camilo verstand das nicht. „Aber ich will doch keine dritte."
„Ach, du hast die gute Hose noch?"
„Ja, drüben liegt sie."
Weshalb weint er denn dann? Der Großvater fragte, bis ihm der Junge die Geschichte gestanden hatte. Dabei wunderte sich Camilo, daß der Opa das gar nicht so schlimm zu finden schien.
Er lächelte sogar. „Du hast also gesagt, du wärst besoffen gewesen, damit du nicht sagen mußtest, daß ich solche Krakel gemacht habe?"
Camilo nickte betrübt.
„Das bringe ich in Ordnung."
„Wie willst du denn das machen, Opa? Durch meine Dummheit habe ich doch auch noch unseren guten Lehrer vor dem Schulrat hereingelegt. Er hat nicht mal mit mir geschimpft,

aber alle sind sehr böse auf mich."
„Natürlich, aber das bringe ich in Ordnung."
Der Alte setzte seinen neuen Hut auf und hinkte hinaus. Die Wohnung des Lehrers lag an einem engen Gang und bestand nur aus zwei kleinen Räumen. Aus dem einen, der Küche, trat eine Frau und fragte ärgerlich: „Wohin wollen Sie?"
„Zum Lehrer meines Enkels."
„Ach, stören Sie ihn nicht. Er ist fast achtzig und auch noch Kassierer von dem — ich kann mir die verrückten Abkürzungen nicht merken. Überhaupt, was so einer noch neben seinen Stunden machen soll! Lassen Sie ihn in Frieden!"
Der Großvater dachte: Solche wie dich, Frau, kenne ich. Man muß dich nur etwas rühren, und du zerschmilzt vor Mitleid und Hilfsbereitschaft.
„Ja", sagte er in bewußt traurigem Ton, „aber wenn man jemand rasch helfen muß?"
„Ist der Junge verunglückt?" fragte

sie erschrocken.
„Das gerade nicht, aber immerhin."
Diese Worte machten sie neugierig.
„Da gehen Sie mal zu meinem Mann hier hinein."
Sie trat hinter ihm in die Tür. Im Raum wurde es dadurch beinahe dunkel, denn die Tür war nicht groß, und ein Fenster gab es nicht.
Der Lehrer hatte geschrieben und blickte auf. „Wer unterbricht mich ..." Gegen das Licht erschien ihm der Fremde noch älter, als er selbst war. Daher fuhr er in einer altmodischen Höflichkeit fort: „Was beliebt Ihnen?"
„Ich bin der Großvater von Ihrem Schüler Camilo."
Der Lehrer erboste sich: „So ein verlumpter Junge! Und der wollte Pionier werden! Waren Sie es etwa, der ihm den Schnaps gegeben hat?"
„Er hat noch nie getrunken."
„Aber die Schmiererei in seinem Heft! Wo kommt die her?"
„Die habe ich gemacht."

Der Lehrer war verblüfft. Dann aber erregte er sich wieder: ,,Ich verstehe. Sie selbst saufen und wollen jetzt Ihren Enkel rein waschen. Können Sie denn überhaupt schreiben?"
,,Nein, ich..."
,,Na, sehen Sie! Weshalb kommen Sie überhaupt? Um mir solchen Unsinn aufzutischen?"
,,Weil ich die Geschichte erklären muß."
,,Dann fassen Sie sich kurz."
,,Ganz kurz. Camilo bringt mir Lesen und Schreiben bei." Erschrocken sank der Lehrer in seinen Stuhl zurück. So ein kleiner Junge soll Unterricht geben? Der Mann hier ist verrückt! Ein Glück nur, daß seine Frau in der Tür stand und helfen konnte, wenn der Besucher einen Anfall bekäme.
Der Großvater ahnte nicht, was für Angstvorstellungen der Lehrer hatte, und fuhr ruhig fort: ,,Ich bin verunglückt und kann nicht mehr arbeiten. Aber muß ich deshalb dumm bleiben? Zuerst habe ich mir von

Camilo etwas erklären lassen und dann, als er schon schlief, versucht, die Buchstaben in seinem Heft nachzumalen. Ich wußte eben noch nicht, daß man das nicht darf."
Der Lehrer beruhigte sich langsam. Was sein Besucher sagte, klang nicht verrückt, aber es klang unwahrscheinlich. Er schob ihm ein Papier hin: „Da, schreiben Sie mal!"
„Was denn?"
„Kuba ist eine Insel."
Der Großvater beugte sich nur wenig, da er, wie alle alten Leute, weitsichtig war. Sorgsam setzte er den ersten Buchstaben an.
„Mein Gott", schrie der Lehrer. „Drücken Sie nicht so auf, Sie zerbrechen mir ja die Feder. Waren Sie etwa Schmied?"
„Nein, ich habe im Hafen Säcke getragen."
„Nehmen Sie lieber diesen Bleistift."
Der Großvater schrieb etwas groß und auch langsam, aber ohne Fehler.

,,Und das wollen Sie wirklich von dem Siebenjährigen gelernt haben?"
,,Ja, es ist ein guter Junge."
,,Aber warum hat er dann gesagt, er wäre besoffen gewesen?"
,,Damit er dem Schulrat nicht sagen mußte, ich hätte die Krakel gemacht."
Der Lehrer starrte den Großvater an.
,,So war das also? Das wird unsere Behörden interessieren. Kommen Sie gleich mit."
Nun erschrak der Großvater. ,,Nein, zur Polizei komme ich nicht mit."
Er wollte sich rasch zurückziehen, konnte aber nicht, weil die Frau ihn aufhielt.
,,Nicht zur Polizei", sagte sie lachend. ,,Es gibt doch noch andere Behörden."
,,Nein, ich gehe nicht mit", wiederholte der Großvater eigensinnig. ,,Mit meiner Invalidenrente erhalte ich die Familie, und wenn man mir die wegnimmt? Nein, nein!"
Es kostete den Lehrer und seine Frau

eine beträchtliche Zeit, den Großvater zu beruhigen. Auch dann ging er sehr ungern mit dem Lehrer zum Schulrat, denn das war bestimmt ein mächtiger und böser Mann.

Eine große Überraschung

Inzwischen war Camilo zu Hause die Zeit lang geworden. Er ging hinüber, wo seine neue Hose über der Bettlehne hing, betrachtete sie traurig und setzte sich dann wieder vor seine Bücher. Vor Kummer und Erwartung konnte er aber nur buchstabieren, nicht den Sinn der Worte erfassen. Wie lange der Opa wegblieb! Da mußte es doch sehr schwer sein, die Sache in Ordnung zu bringen, wahrscheinlich unmöglich. Wie sollte das nur weitergehen? Sie verachten mich alle, und dabei habe ich ihnen nichts getan — nur dem Lehrer habe ich Kummer gemacht.

Endlich hörte er den Schritt des Groß-

vaters. Mit einem Fuß trat er heftiger auf als mit dem anderen. Der Alte kam herein. Er schaute Camilo gar nicht an, ging an ihm vorbei in die Küche. „Können wir bald essen?" fragte er, und es schien Camilo, daß der Opa traurig oder ärgerlich war.
Nun ist alles verloren, dachte Camilo, ging verzweifelt vors Haus und sah, wie der Himmel blasser wurde. Die Häuser waren kaum noch zu erkennen im Schatten des späten Abends.
Juana rief ihn zum Essen. Weder sie noch der Großvater sagte ein überflüssiges Wort. Gab es etwa eine schlimme Nachricht von den Eltern?
Er legte sich ins Bett. Trotz seines Kummers war er schon halb eingeschlafen, als er bemerkte, daß jemand hereinkam. Das mußte Juana sein. Er öffnete die Augen nicht. Sie schien etwas mitzunehmen, vielleicht sein Hemd. Aber wozu denn? Es war doch erst vorige Woche gewaschen worden.

Dann hörte er, wie Opa und Juana drüben miteinander flüsterten. Einmal schien die Dicke zu lachen. Also konnte nichts Schlimmes mit den Eltern passiert sein. Es tat ihm weh, daß die gute Juana nicht zu ahnen schien, wie schrecklich ihm zumute war.
Am Morgen war Camilo blaß. Als er aus dem Badezimmer heraustrat, fragte Juana: „Weshalb hast du deine zerrissene Hose an?"
Er war nicht imstande, ihr zu erklären, weshalb. Daher ging er hinüber und zog seine neue Hose an. Wo aber war sein Hemd? Lachend brachte es Juana. Sie hatte es gewaschen und gebügelt. Sie zog es ihm so zurecht, daß er den Eindruck hatte, er müßte richtig fein aussehen wie ein Pionier. Dieser Gedanke machte ihn erneut traurig. Wer weiß, ob ich je Pionier werden kann? Camilo frühstückte ein bißchen, aber viel war nicht da.
Dann nahm er seine Bücher, um in die Schule zu gehen. „Warte noch", sagte der Großvater. „Und setz dich hin."

„Da komme ich doch zu spät."
„Wenn ich es dir sage, so wird es schon seinen Grund haben. Wir gehen zusammen."
Camilo setzte sich. Weshalb wollte nur der Großvater mitgehen? Das konnte nichts Gutes bedeuten. Er wagte nicht zu fragen, und der Großvater sagte auch nichts.
In der Küche sang Juana: „Adelante, compañeros!" Das heißt „Vorwärts, Genossen!" Es war das Lied, das bei allen Kundgebungen gesungen wird. Auch in der Schule hatten sie es gelernt, und Camilo sang gern, aber heute hatte er keine Lust, es mitzusingen. Ihn bedrückte das rätselhafte Verhalten seines Großvaters, der ihn hinderte, rechtzeitig zur Schule zu gehen. Eine Uhr besaßen sie nicht. Deshalb ging Camilo, genau wie die anderen Schüler, meist viel zu früh zur Schule. Sie legten dann ihre Bücher irgendwohin und spielten noch ein wenig, bis der Unterricht begann.

Camilo wurde immer unruhiger. Schon längst mußte die Schule angefangen haben.
Juana brachte ein Glas mit einem weißlich trüben Saft. „Trink etwas Kokosmilch", sagte sie, „die ist gesund." Camilo blickte erstaunt zu ihr auf. Sie wußte wohl, weshalb ihn der Opa immer noch aufhielt?
Was haben sie nur für ein Geheimnis?
Er trank einen kleinen Schluck. Sonst liebte er den Saft mit dem Nußgeschmack sehr, aber heute, was sollte das?
Weiter saßen sie stumm da.
Endlich erhob sich der Großvater. „Jetzt wird es wohl Zeit sein."
Als aber Camilo seine Bücher in die Hand nehmen wollte, sagte der Alte: „Laß sie zu Hause! Heute gibt es keinen Unterricht."
Ach, es ist wohl ein Staatsfest? Aber davon hatte Camilo nichts gehört.
Großvater schien heute besonders schlecht gehen zu können. Oder kam

es Camilo nur so vor, weil er endlich wissen wollte, was das alles bedeutete?
Schon von weitem sahen sie vor dem niedrigen Schulgebäude alle Klassen angetreten, davor die Lehrer und — Camilo erschrak — den Schulrat. Wollte man ihm einen öffentlichen Verweis erteilen? Oder ihn gar von der Schule fortschicken?
Der Großvater hatte seinen Enkel an der Hand gefaßt und blieb vor den Lehrern stehen.
Ein paar sehr große Autos fuhren vor.
Aus dem ersten sprang ein Bewaffneter heraus und öffnete die hintere Tür. Heraus stieg — das war ja Fidel Castro! Er trug wie immer ein einfaches, grünes Uniformhemd. Hinter ihm entstiegen den Autos Herren in dunklen Anzügen. Einen erkannte Camilo. Es war der noch junge, schlanke Unterrichtsminister.
Sie alle stellten sich in einer Reihe auf, worauf der Minister vortrat. „Herr

Ministerpräsident, liebe Lehrer und Schüler! Wir haben das Jahr der Erziehung. Jahrhundertelang wurde unser Volk in kolonialer und halbkolonialer Knechtschaft und Unwissenheit gehalten. Nun soll das Volk die Bildung erlangen, bei der sich erst die nationale Würde des Menschen entwickeln kann. Der erste Schritt dazu ist das Lernen des Lesens und Schreibens. Da es uns aber an Lehrern fehlte, riefen wir alle zur Mithilfe auf, denen ihre Lage ermöglichte, die Grundkenntnisse zu erwerben. Als wir dazu aufriefen, dachten wir vor allem an Rechtsanwälte, Beamte, Kaufleute, also ältere Leute. Es zeigt sich aber, daß auch Jugendliche mit großem Eifer halfen. Nun ist ein besonderer Fall eingetreten. Ein Siebenjähriger hat es unternommen, seinen Großvater zu unterrichten."

In diesem Augenblick verstand Camilo endlich, was hier geschah.

Er wurde abwechselnd blaß und rot. Was denn? Er?

Noch mehr verwirrte es ihn, als Fotografen herbeiliefen und ihn — Hand in Hand mit dem Opa — von allen Seiten knipsten. Ringsum standen viele Menschen. Alle wollten sehen, was da los war und weshalb Fidel Castro selbst gekommen war.
Plötzlich wurde es still, und Camilo sah ratlos und erschrocken den Freundschaftsrat feierlich auf sich zukommen, die beiden Jungen mit dem Mädchen. „Wir haben beschlossen, dich, Camilo, in unsere Pionierfreundschaft aufzunehmen."
Das Mädchen trat heran und schlang ihm das blau-weiße Tuch um den Hals.
Er war so erschüttert, daß ihm erst später richtig bewußt wurde, was es bedeutete, daß Fidel Castro ihn hochhob und lachend küßte.

Inhaltsverzeichnis

- 3 Der Marktjunge
- 7 Wo sind Vater und Mutter?
- 10 Die dicke Frau
- 20 Aufregung bei den Yankis
- 22 Eine Demonstration
- 28 Der Einzug
- 35 Das Schicksal der Eltern
- 38 Juana
- 46 Schädlingsarbeit
- 54 Um die Schule
- 59 Der erste Schultag
- 63 Wieder müssen die Eltern fort
- 66 Der Großvater will etwas
- 72 Die geheime Zusammenarbeit
- 78 Der zerbrochene Federhalter
- 83 Pionier werden
- 88 Eine große Dummheit
- 92 Beim Lehrer
- 100 Eine große Überraschung

ISBN 3-358-01112-7

3. Taschenbuchauflage 1988
© DER KINDERBUCHVERLAG BERLIN – DDR 1979
(für diese Ausgabe)
Lizenz-Nr. 304-270/449/88
Gesamtherstellung:
Grafischer Großbetrieb Völkerfreundschaft Dresden
LSV 7521
Für Leser von 9 Jahren an
Bestell-Nr. 630 994 3
00160